RÉPONSE

A LA CIRCULAIRE

DE M. LE MINISTRE DES AFFAIRES ÉTRANGÈRES

RELATIVE

A L'ENCYCLIQUE DU PAPE.

PARIS. — IMP. DE W. REMQUET ET Cie, RUE GARANCIÈRE, 5.

RÉPONSE

A LA CIRCULAIRE

DE M. LE MINISTRE DES AFFAIRES ÉTRANGÈRES

RELATIVE

A L'ENCYCLIQUE DU PAPE

PAR M. POUJOULAT

PARIS

CHARLES DOUNIOL, LIBRAIRE-ÉDITEUR,

Rue de Tournon, 29.

—

1860

RÉPONSE

A LA CIRCULAIRE

DE M. LE MINISTRE DES AFFAIRES ÉTRANGÈRES

RELATIVE

A L'ENCYCLIQUE DU PAPE.

I

Un document d'une grande importance a paru aujourd'hui dans le *Moniteur* : c'est une circulaire de M. le Ministre des affaires étrangères relative à l'*Encyclique* du 19 janvier, et adressée à nos agents diplomatiques. On nous a donné l'assurance officielle que la discussion de tous les actes du gouvernement est permise ; c'est un droit bien précieux par le temps qui court ; nous tenons surtout à en user lorsqu'il s'agit de

défendre l'auguste chef de l'Eglise contre des appré-
ciations inexactes, des confusions et des erreurs : le
danger devient plus grand si le gouvernement leur
prête l'autorité de son langage. Nous ne saurions accepter les jugements et les affirmations que renferme la
circulaire de M. le Ministre des affaires étrangères ;
selon nous, sa bonne foi s'est méprise sur les faits, les
situations et les devoirs ; nous allons le lui prouver,
Dieu aidant. Les hommages qu'il reçoit dès ce moment
d'une certaine presse l'avertiront déjà mieux que nos
paroles ; assurément il se passerait bien de la vive
adhésion du *Siècle;* c'est un approbateur qu'on voudrait
bien peut-être ne pas trouver sur son chemin.

« Il nous est difficile, dit aujourd'hui même le *Siècle,*
de faire l'éloge de la réponse de M. Thouvenel aux ar-
guments de la cour romaine. Nous pourrions raisonna-
blement craindre qu'on ne nous accusât d'une certaine
outrecuidance si nous approuvions trop haut des pensées qui ont toujours été les nôtres. La circulaire du
Ministre des affaires étrangères résume tout ce que
nous avons écrit sur la question romaine ; mais ce que
nous pouvons louer sans restriction, c'est la forme de
la circulaire ; c'est la modération avec laquelle est pré-
sentée chacune des objections, leur netteté victorieuse,

leur solidité irréfutable. Il était impossible de mieux traduire diplomatiquement les conclusions de cette brochure, qui avait un but *détestable* suivant la traduction des paroles du pape, et *impudentissimum* suivant le texte latin; de cette brochure contre laquelle s'élèvent tant de dévots, qui ont pensé que ce n'était pas le moment d'imiter la mansuétude, la tolérance, l'esprit de conciliation des vrais chrétiens. »

La forme modérée de M. le Ministre des affaires étrangères et l'ensemble spécieux de son œuvre auraient pu faire illusion à bien des gens; mais l'illusion doit s'évanouir devant l'éclair de cette citation du *Siècle*.

Toutefois, il ne suffit pas d'être sur ses gardes et d'avoir des raisons pour douter; il faut aller au fond des choses et rendre à la justice et à la vérité tout ce qui leur est dû. Au moins nous ne sommes plus ici en présence d'une œuvre anonyme; il y a devant nous un visage d'homme au lieu d'un visage de carton.

II

Suivons pied à pied M. le Ministre des affaires étrangères.

« Je ne m'arrêterai pas, pour le moment, dit M. le
Ministre, à relever les reproches plus ou moins articu-
lés qui sont dirigés par l'*Encyclique* contre la ligne de
conduite suivie par l'Empereur à l'égard du Saint-Siége
dans les difficiles conjonctures de ces derniers temps.
L'histoire, dans son impartialité, dira un jour à qui
doit appartenir la responsabilité des événements, ou du
souverain dont les efforts ont constamment tendu à les
prévenir, ou de ceux qui, se refusant à toute concession et à toute réforme, et se renfermant dans une
inexplicable inaction, ont laissé l'état des choses em-
pirer jusqu'à ce point où le mal devient souvent irremé-
diable. »

Il y a treize ans que nos regards s'attachent sur le
gouvernement de Pie IX; ses actes sont connus du
monde entier. Est-on fondé à lui reprocher de s'être
« refusé à toute concession et à toute réforme et de

« s'être renfermé dans une inexplicable inaction ? » De telles accusations peuvent-elles sérieusement monter jusqu'à Pie IX ? Sommes-nous donc réduits à rappeler sans cesse et toujours inutilement la généreuse et féconde initiative du « pontife réformateur » acclamé par toutes les puissances de l'univers, les institutions libérales dont il avait doté ses États, sa magnanime confiance payée par la révolte et l'assassinat ? Et après que la révolution a eu brisé elle-même l'œuvre de Pie IX, a-t-il fermé ses mains, a-t-il tout retiré, tout rejeté dans le néant pour se retrancher dans une stérile immobilité ? N'a-t-il pas, le 24 novembre 1850, donné une loi municipale qui étend la liberté des communes ? N'a-t-il pas, par une loi du 10 septembre 1850, institué un conseil d'État ? A-t-il exclu les laïques des charges civiles ? Non, le nombre des fonctionnaires laïques dans les états Romains est de six mille huit cent vingt-quatre ; il n'existe que cent vingt-quatre fonctionnaires ecclésiastiques. Pie IX, de 1850 à 1858, n'a-t-il pas éteint le déficit de deux millions et demi d'écus romains laissé par les coupables essais politiques de Mazzini et de Garibaldi ? N'a-t-il pas simplifié l'organisation judiciaire, vigoureusement favorisé l'agriculture et les travaux publics ? Pie IX, environné de trames menaçantes, a dû ralentir ses pas dans la voie des réformes, et s'avancer prudemment comme un homme dont la route n'est pas sûre; mais il n'a jamais écarté un projet utile, ni donné congé à de bonnes et à de sérieuses pensées. Pour peu que l'on comprenne ce qu'un souverain se doit de respect pour lui-même, qui donc s'étonnera que Pie IX se soit arrêté lorsque la politique du dehors est venue lui dire : Des réformes ou la spoliation? Et c'est au gouvernement de ce Pape poursuivi, traqué par la conspiration, que, selon vous, « doit appartenir la responsabilité des événements! » Non, non, détrompez-vous ; tel ne sera point l'arrêt de l'histoire ; et déjà l'histoire a parlé par la conscience du genre humain dont les jugements sont comme ceux de Dieu lui-même.

III

M. le Ministre des affaires étrangères exprime surtout un regret, « c'est l'oubli que, dans une circonstance « aussi importante, la cour de Rome a fait des usages « diplomatiques en transportant directement sur le ter-

« rain de la Religion une question qui appartient, avant

« tout, à l'ordre temporel. » M. le Ministre n'aurait pas

voulu que « le Saint-Père fît appel à la conscience du

« clergé et excitât l'ardeur des fidèles à l'occasion d'une

« affaire dont la discussion ne saurait utilement avoir

« lieu que de gouvernement à gouvernement. »

« Non, ajoute M. le Ministre, quoi qu'en puisse dire

« l'esprit de parti, qui ne craint pas d'affecter les appa-

« rences du zèle religieux ; non, quoi que l'on fasse pour

« laisser croire que les intérêts de la foi sont en péril, il

« ne se traite, Dieu merci, entre le gouvernement de

« Sa Sainteté et celui de l'Empereur, qu'une question

« purement temporelle. »

En lisant ces lignes, il est difficile de ne pas éprouver une pénible surprise.

La première observation qu'il importe de faire ici, c'est que l'*Encyclique* du 19 janvier n'a pas été le premier mot de la cour de Rome dans la question ; les notes, les dépêches, les communications même les plus au-gustes n'ont pas manqué depuis plusieurs mois ; les habitudes de la cour de Rome se recommandent assez par le respect des convenances et des usages diploma-tiques ; mais le langage et les devoirs changent avec la marche des événements ; la confiance et le cri

d'alarme ne s'expriment pas de la même manière ; l'*En-cyclique* du 19 janvier est un grand acte qui s'explique et se justifie de lui-même. La discussion s'est continuée « de gouvernement à gouvernement » tant que le Pape a gardé l'espoir d'une solution heureuse par les voies diplomatiques ; le chef de l'Eglise s'est adressé à ses vénérables frères du monde catholique du moment où il s'est vu sérieusement menacé ; il s'est adressé à l'Eglise universelle, parce que les intérêts de son pouvoir temporel sont les intérêts même de toute la catholicité. M. le Ministre pense à tort que la question est « purement temporelle ; » elle n'a pas exclusivement ce caractère, puisqu'elle se rattache si directement à l'indépendance spirituelle du Pontife, à la liberté de la conscience catholique dans le monde entier. La question se trouvait donc toute « transportée sur le terrain de la religion ; » le Pape n'a rien déplacé, il a considéré les choses comme les ont faites les conciles, les traditions et le temps ; il a dit ce qu'il devait dire avec la grandeur qui lui est propre et l'opportunité de l'heure ; il a déclaré à l'immense famille dont il est le père, que ses droits, qui sont ceux de nous tous, enfants de l'Eglise, couraient de grands dangers ; il a fait appel à la puissance de la prière et à la puissance du zèle, et l'âme du monde lui a répondu. Ne parlez point « d'esprit de parti; » l'esprit de parti est quelque chose de trop mesquin et de trop étroit pour renfermer les frémissements de tristesse et d'amour partis des quatre points de la terre.

IV

Passons à l'examen d'autres points de la circulaire.

M. le Ministre des affaires étrangères reproche à l'*Encyclique* « d'essayer d'établir une sorte de connexité « indissoluble entre deux ordres d'intérêts qui ne sau- « raient être mêlés et confondus sans danger; » « cette confusion, dit-il, était naturelle et possible » dans les premiers âges de l'Eglise, alors que les tendances de la civilisation étaient théocratiques; il la regarde comme ayant concouru « à la formation et au développement « de la souveraineté territoriale » de la papauté, et pense que la supériorité du gouvernement des papes dans ces époques reculées fut « un des éléments essen- « tiels de leur autorité publique; » il se défend de

chercher dans le contraste une allusion et d'emprun-
ter au passé une leçon applicable au présent. M. le
Ministre constate ce qu'il appelle la séparation entre
les deux domaines de l'ordre religieux et de l'ordre
politique et civil. « Le Saint-Siége, poursuit-il, ne s'est
donc pas moins mis en désaccord avec l'esprit général
de l'époque qu'avec les règles internationales, en fai-
sant appel aux consciences, au nom de la foi, pour un
intérêt qui, à le bien prendre, est simplement temporel. »

M. le Ministre a parlé de « confusion; » on en trouve
une vraiment énorme dans ce qui précède.

Remarquons d'abord que « les tendances théocratiques » que M. le Ministre a cru voir dans les premiers
âges de l'Eglise, et d'où, selon lui, avait découlé l'union
« des deux ordres d'intérêts, » sont contredites par
tous les faits historiques; la théocratie a cessé d'être
possible le jour où celui qui est la parole éternelle a
ordonné de rendre à César ce qui est à César, à
Dieu ce qui est à Dieu. L'idée première du pouvoir
temporel des papes ne fut pas le désir de mettre un
glaive aux mains de l'autorité spirituelle, mais un be-
soin religieux d'affranchir les papes des influences op-
pressives. On ne songeait pas à enlever leurs droits aux

puissances du monde, mais à faire une place libre à la puissance spirituelle. Les catacombes et ensuite les violences des diverses dominations, voilà l'histoire des papes dans les huit premiers siècles. Leur indépendance religieuse s'établit par le développement de leur souveraineté et par la fixité incontestable donnée à cette souveraineté. Il y a eu plus de grands papes sur la chaire de saint Pierre que de grands rois sur aucun trône de l'Europe, mais leur pouvoir temporel ne se maintenait point par leur génie politique et l'excellence de leur gouvernement ; l'exercice de leur autorité temporelle n'est pas ce qu'il y a de plus aperçu dans l'histoire.

La papauté était la puissance qui inspirait le plus de respect et représentait le mieux la justice ; voilà pourquoi dans les premiers siècles les peuples de l'Italie, si durement éprouvés par les barbares, allaient à elle comme à un saint et sûr asile. Mais ce sentiment ne fut pas la raison même de la souveraineté des chefs de l'Église. La souveraineté pontificale sort des premiers temps avec un caractère mystérieux qui en fait une œuvre plus haute qu'une œuvre humaine.

La question des deux éléments religieux et civil, si considérable dans la formation successive des sociétés modernes, n'a rien à faire ici ; les droits temporels du

Pape sont aujourd'hui ce qu'ils étaient il y a mille ans ; ils ont la même raison d'être, le même caractère. La séparation de l'Eglise et de l'Etat, accomplie parmi nous, n'a rien changé à ce qui est la condition humaine de l'indépendance spirituelle du chef de l'Eglise ; le Saint-Siége, par l'*Encyclique* du 19 janvier, ne s'est donc pas « mis en désaccord avec l'esprit général de l'é-« poque ; » il est au contraire resté d'accord avec le bon sens des nations qui veut qu'un pape soit chez lui et non pas chez un autre, quel qu'il puisse être.

V

Pourquoi M. le Ministre se plaint-il de « l'appel aux « consciences ? » cet appel n'aurait rien de bien redou-table s'il était vrai que « l'esprit général de l'époque » le condamnât. De deux choses l'une, ou l'*Encyclique* ne répond à rien dans le monde, et alors laissez-la passer comme une pâle et inutile feuille dont se jouent les vents ; ou l'*Encyclique* répond à quelque chose de véritable et de profond au cœur des peuples, et alors tenez-en compte,

faites cesser ce qui cause la douleur du Père commun et
ce qui retentit tristement dans l'âme de la grande famille
catholique. Les opinions peuvent se taire, les consciences ne se taisent pas; les blessures qu'on leur fait
les rendent intraitables. Vous avez découvert des procédés merveilleusement terribles pour abattre les plus
fortes tours et soumettre des places jusque-là impre-
nables; vous ne découvrirez rien pour escalader les
consciences et pour les vaincre.

VI

M. le Ministre des affaires étrangères prétend que
l'*Encyclique*, qu'il appelle une « tentative, » est loin
d'avoir pour elle l'autorité et les précédents de l'histoire. Les papes ne se sont jamais servis de leur puissance ou de leur influence spirituelle pour gagner des
provinces; mais, toujours faibles comme princes, ils ont
eu plus d'une fois recours aux moyens spirituels pour
conserver ou ressaisir leurs états; imagine-t-on un pouvoir sans moyen de se défendre? à défaut d'une grande

2

armée, le Pape a une grande parole, et parfois cette parole se mêle à des armes spirituelles dont le mépris n'a
jamais réussi à personne.

La circulaire ne néglige pas l'argument tiré du traité
de Tolentino ; il traîne depuis six mois dans les feuilles
hostiles à la cause du Pape ; on lui fait l'honneur de le
remettre en lumière : l'argument n'en sera pas meilleur.
Le cruel traité de Tolentino, qu'on le sache bien, ne pèse
d'aucun poids dans le débat actuel ; en 1797 c'était la
guerre ; mais Pie IX n'est pas en guerre ; il n'a perdu
aucune bataille, il n'a à subir ni les lois ni les malheurs
de la guerre. Il ne s'agit pas maintenant d'un fait violent
imposé par de douloureuses extrémités, il s'agit de dé-
posséder le Pape dans son propre intérêt, au nom du
progrès de notre civilisation, au nom des intérêts chrétiens mieux entendus qu'ils ne l'ont été depuis la cons-
titution de la papauté ! c'est le principe même du pouvoir temporel qui est engagé. Si Pie IX suivait vos
conseils, ce ne sont pas seulement les Légations qu'il
perdrait, c'est sa puissance temporelle tout entière ; il
ne lui resterait plus devant la logique une seule bonne
raison pour échapper à la spoliation totale.

VII

Nos adversaires fouillent dans le passé et n'y trouvent rien de solide ; ils demandent secours au progrès du temps, et le temps chargé de génie et d'expérience les condamne dans leurs tentatives ; ils cherchent laborieusement si le droit, interprété à leur manière, ne pourrait pas leur venir en aide, et le droit se dresse contre eux de toute la hauteur de la justice. Et un ministre des affaires étrangères, après s'être soigneusement appuyé sur les richesses du savoir, pressentant probablement qu'il ne s'est point encore rendu inexpugnable, songe, pour frapper un dernier coup, à nous opposer les exemples de l'Autriche !

Écoutons-le :

« Les préliminaires signés à Léoben, deux mois plus tard, entre la France et l'Autriche, attestent que la cour de Vienne ne pensait pas autrement que la France à ce sujet. Après avoir entretenu pendant la guerre des relations étroites avec la cour de Rome, elle se prêta néan-

moins à une combinaison qui, lui attribuant une partie
des États de Venise, indemnisait cette république en lui
transférant la possession des trois légations de la Ro-
magne, de Ferrare et de Bologne. Les traités de Campo-
Formio et de Lunéville vinrent encore consacrer, sous
une autre forme, la séparation de ces provinces, et, dans
les divers arrangements qui furent alors convenus, on
n'aperçoit jamais que les gouvernements qui y pre-
naient part aient eu à se préoccuper des prérogatives du
Saint-Siége au point de vue de son pouvoir spirituel et
des intérêts religieux. . . .

« .... Le Pape Pie VII rentrait à Rome et reprenait
l'exercice de son pouvoir temporel lorsque, par un traité
secret, signé à Naples le 11 janvier 1814, l'empereur
François, dans le but d'attacher le roi Joachim à la
cause de la coalition européenne, s'engageait, « afin de
lui procurer une forte frontière militaire *en accord avec
les besoins politiques des deux puissances*, à lui assurer une
acquisition calculée sur le pied de 400,000 âmes à
prendre sur l'État romain, et à prêter ses bons offices
pour faire admettre et sanctionner cette concession par
le Saint-Père.

« Ainsi donc, le principe du partage des Légations et
même des Marches, entre le royaume de Naples et l'Au-

triche, se trouvait franchement posé, et l'application en semblait tellement indépendante de toute circonstance particulière, que l'on vit l'année suivante le roi des Deux-Siciles, restauré à Naples sur son trône, essayer de maintenir à son bénéfice la clause que nous venons de citer. L'Autriche, de son côté, était plus heureuse dans ses prétentions, puisqu'elle conservait, aux dépens du Saint-Siége, une partie de la légation de Ferrare, sur la rive gauche du Pô, territoire qui n'avait pas appartenu à l'État de Venise. »

VIII

Nous connaissons un mot de Pie VII, un mot que lui avait inspiré son expérience de Pontife, ajoutée aux leçons de l'histoire : *I gabinetti non sono battezzati;* « Les ca- « binets ne sont pas baptisés. » Il n'est pas rare, en effet, que des cabinets de puissances chrétiennes se soient montrés peu chrétiens; c'est surtout par leur conduite envers le Saint-Siége qu'ils ont pu faire croire qu'ils « n'étaient pas baptisés. » L'Autriche, malgré la piété de ses princes, a été aussi détestable dans ses convoitises que la révolution et le premier Empire l'ont été dans leurs invasions; sans doute, l'Autriche n'a pas à se reprocher les violences du Directoire et de Napoléon, mais le caractère sacré des États de l'Eglise n'a jamais retenu l'ambition persévérante de sa politique. Elle se mêlait sans scrupule à des négociations qui atteignaient le territoire pontifical. Elle ne se préoccupait pas plus que le Directoire et l'Empire « du pouvoir spirituel et « des intérêts religieux; » nous en convenons, et la grandeur de notre cause n'en souffre pas; les droits temporels du Pape ne sont point diminués parce qu'il a plu à la cour de Vienne de méconnaître ses devoirs de puissance catholique. Le chefs de l'Eglise ne gardaient pas le silence. Pie VII, récemment donné au monde chrétien par le conclave de Venise, s'adressant au marquis Ghislieri, ambassadeur de la cour de Vienne, au sujet des trois légations de Ferrare, de Bologne et de Ravenne que l'Autriche ne lâchait pas, lui disait:

« Puisqu'on refuse si obtinément cette restitution, « également commandée par la religion et par la jus- « tice, que l'empereur réfléchisse bien à ceci : C'est « qu'en mettant dans sa garde-robe des vêtements qui « ne sont pas à lui, mais à l'Église, non-seulement il ne

« pourra pas s'en servir, mais encore ils communique-
« ront la teigne à ses propres habits, c'est-a-dire à ses
« États héréditaires. »

Ces mots du sucesseur de Pie VI furent bientôt sui-
vis de la bataille de Marengo qui en accomplissait le
sens prophétique. L'avertissement du Pontife demeure
comme une leçon : les vêtements de l'Église peuvent
donner encore « la teigne » aux vêtements des spolia-
teurs.

IX

M. le Ministre des affaires étrangères rappelle le traité
du 11 janvier 1814 avec Murat. Il aurait pu rappeler
aussi les conventions de l'Autriche avec l'Angleterre
en 1809, le traité secret de ces deux puissances, le 27
juillet 1813 ; le cabinet de Vienne s'y réservait une portion des États du Pape. L'Autriche avait beau mettre en
avant l'ancien titre d'empereur et roi des Romains ; sa
politique n'en était pas moins une politique d'usurpa-
tion, et c'était par une prétention bien étrange qu'elle

espérait obtenir du Saint-Père la ratification de ses en-
gagements secrets avec Murat, au profit de la coalition
européenne.

Pie VII n'entendait pas sacrifier aux événements les
États dont il avait reçu le dépôt en montant sur la chaire
de saint Pierre ; le 20 janvier 1814, il rejetait les offres
de Napoléon qui le pressait d'accepter les départements
de Rome et de Trasimène ; il réclamait l'intégrité de ses
États. Ce qu'il avait refusé à la révolution et au domina-
teur du monde, il ne l'aurait pas bénévolement concédé,
aux dépens de ses droits, à des gouvernements amis.
L'Autriche, accoutumée à regarder les Légations comme
un pays que la diplomatie et la guerre pouvaient reven-
diquer, ne plaida pas assurément la cause du Pape au
congrès de Vienne ; ce furent surtout l'Angleterre et la
Russie qui demandèrent la restitution des Légations.

Nous ne nions pas que la discussion sur ce point
« se soit maintenue, même par les puissances catho-
« liques, dans un ordre de considérations exclusivement
« temporelles ; » mais parce que des plénipotentiaires
occupés d'intérêts immenses et touchant à la question
des Légations, se seraient bornés à de pures considérations de droit au lieu de s'attacher à la souveraineté
temporelle du Pape comme à une garantie de son indé-

pendance spirituelle, il ne s'ensuivrait pas que les deux ordres d'idées dussent se séparer. D'ailleurs le congrès de Vienne n'avait pas à constituer ce pouvoir temporel; il n'avait qu'à s'entendre pour la restitution d'une portion du territoire pontifical. Nous pourrions ajouter, d'après les témoignages contemporains, que, de la part de l'empereur Alexandre, l'acte réparateur fut un hommage « au chef de la plus grande communauté des « chrétiens qui existe sur la terre. »

X

L'attitude de l'Autriche à l'égard du Saint-Siége au milieu des événements de la fin du dernier siècle et des quinze premières années du siècle nouveau, avait blessé le cour de Rome ; le gouvernement de Pie VII lui témoignait peu de confiance ; Léon XII, dont le pontificat fut trop court, résistait vivement à l'influence de Vienne, et ne déguisait pas son sentiment à l'endroit de l'Autriche. La révolution de 1830 modifia ces dispositions; le Saint-Siége s'était félicité d'avoir rencontré dans le loyal Charles X un véritable fils aîné de l'Eglise, mais 1830 lui apparaissait comme un inconnu redoutable. La cour de Rome, reculant devant la révolution, se trouva plus près de l'Autriche. Mais le chef de l'Eglise a toujours compris que la France, malgré les efforts des révolutions, sera éternellement la Jeanne d'Arc de la papauté.

XI

Parmi les souvenirs invoqués par M. le Ministre des affaires étrangères, il en est un auquel nous n'avons pas encore répondu ; c'est l'exemple des territoires ecclésiastiques qui, au commencement de ce siècle, servirent, à la demande de l'Autriche, à indemniser ses archiducs dépossédés. M. le Ministre fait observer qu'à l'égard des territoires comme pour les Légations, comme pour l'électorat de Mayenne, « aucune solidarité ne fut « reconnue entre le droit temporel du possesseur et « l'intérêt de la religion, et que le caractère ecclésias- « tique des souverains ne fut pas un obstacle aux com-

« binaisons que les circonstances avaient rendues né-
« cessaires. »

Il nous en coûte de le dire, mais de pareils rappro-
chements nous autorisent à penser que le temps a
manqué au nouveau Ministre des affaires étrangères
pour une étude complète de la grande question qui
nous occupe ; l'évêché de Salzbourg, la prévôté de
Berchtelsgaden, les évêchés de Trente, de Brixen et
d'Eichstadt, avaient des possesseurs légitimes, et ces
possesseurs étaient ecclésiastiques ; la morale et la
justice pouvaient souffrir des procédés de la politique à
leur égard, mais ceux que frappaient ces mesures ne
se trouvaient pas dans la condition d'un pape spolié.
C'étaient des ecclésiastiques dépossédés, ni plus ni
moins, cela s'est vu plus d'une fois. Il peut y avoir plus
ou moins de souverains, plus ou moins d'évêques : il
n'y a qu'un pape.

L'étonnante erreur de M. le Ministre est de croire
que nous repoussons la dépossession de Pie IX, unique-
ment parce qu'il est ecclésiastique ; or, la raison de
notre opposition, c'est que Pie IX est le pape, le chef
de l'Eglise universelle, qui ne doit être le sujet d'aucune puissance de la terre, et qui, appuyé sur sa souveraineté temporelle, doit gouverner les âmes avec une

pleine et incontestable indépendance. L'affaire des
évêchés ne regardait que les dépossédés ; l'affaire du
Pape regarde deux cents millions de catholiques. L'une
expirait dans le cercle d'intérêts très-limités ; l'autre
s'attaque à la clef de voûte du monde moral et à ce
qu'il y a de plus profond dans l'âme humaine.

XII

La circulaire finit en disant que son but est de recti-
fier les impressions erronées « qui tendraient à faire
« considérer une opinion émise sur une question tem-
« porelle comme une atteinte aux prérogatives impres-
« criptibles et sacrées du monde catholique. »

On s'étonnera d'apprendre que l'immense bruit de la
question du Pape et les émotions universelles n'aient
été produits que par « l'émission d'une opinion sur une
question temporelle. » Ne croirait-on pas qu'il s'agit
d'une simple discussion, et qu'on a donné trop de reten-
tissement à l'expression d'une divergence ?

Le démembrement du territoire pontifical par suite.

d'une guerre entreprise avec de rassurantes pro-
messes, le conseil de renoncer aux plus belles provinces
de l'Eglise fondé sur une prétendue impossibilité de les
ramener sur l'autorisation légitime, tout cela ne serait
qu'une « opinion émise ! » Ah! Monsieur le Ministre, il
faut qu'il y ait eu quelque chose de plus pour que le
monde catholique se soit levé. Une simple opinion n'a
pas le privilège d'inquiéter ainsi la conscience des nations. Chef de la politique extérieure d'un grand pays
catholique, regardez-y de plus près. Il ne suffirait pas
de témoigner un respect sincère; ce n'est point le respect, c'est l'action qui sauve.

XIII

Telle est cette circulaire, expression nouvelle d'une
politique qui persiste dans ses desseins, petite édition
de la célèbre brochure, débarrassée des précautions,
car il y est peu parlé en faveur de la souveraineté temporelle du Chef de l'Église. La circulaire a voulu donner
une leçon au Pape et n'a fait que lui donner raison; elle

a voulu condamner l'*Encyclique*, et l'*Encyclique* la condamne elle-même. La circulaire vise à faire croire à une
triple faute commise contre la politique, contre les
usages diplomatiques et contre l'esprit de notre temps ;
la politique a dit à l'*Encyclique* qu'elle avait bien fait,
la diplomatie épuisée lui a dit que pour elle l'heure de
parler était venue, et notre temps l'a bien acceptée,
puisque l'*Encyclique* a fortement remué les âmes et
qu'elle n'a pas trouvé indifférents ceux que nous com-
battons. L'*Encyclique* est de granit et demeure avec
une autorité qu'aucune autre n'égale ; elle a retenti
dans toutes les églises et c'était sa place ; elle a marqué
à chacun de nous son devoir et chacun de nous le
remplira.

Paris, 15 février 1860.

Paris. — Imp. W. REMQUET et Cie, r. Garancière, 5.